3 avril 1903

V

Succession de M. GÉRARD DE CONTADES

VENTE AUX ENCHÈRES PUBLIQUES

APRÈS DÉCÈS

En vertu de deux Jugements en date des 6 Mai 1901 et 31 Décembre 1902

DU

BEAU MOBILIER ARTISTIQUE

DU

CHATEAU de MONTGEOFFROY

MAINE-ET-LOIRE

Tableaux, Objets d'Art & d'Ameublement

DES XVII° & XVIII° SIÈCLES

TAPISSERIES ANCIENNES

Riche Collier de Perles, Parures en Brillants

HOTEL DROUOT, SALLES N°s 5 & 6

Le Vendredi 3 Avril 1903, à 2 h. précises

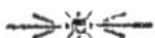

EXPOSITIONS

PARTICULIÈRE	PUBLIQUE
Le Mercredi 1er Avril 1903	Le Jeudi 2 Avril 1903

De 2 heures à 6 heures

PARIS — 1903

IMPRIMERIE MAULDE ET Cie

MAULDE, DOUMENC ET Cie

IMPRIMEURS DE LA COMPAGNIE DES COMMISSAIRES-PRISEURS

Rue de Rivoli, 144

CATALOGUE

DES

BIJOUX

OBJETS D'ART ET D'AMEUBLEMENT

Tableaux et Gravures

Pendules — Bronzés — Faïences

TAPISSERIES ANCIENNES

SIÈGES COUVERTS EN TAPISSERIE

Garnissant le Château de Montgeoffroy

(MAINE-ET-LOIRE)

DONT LA VENTE AURA LIEU A PARIS

En vertu de Jugements

HOTEL DROUOT — SALLES Nos 5 & 6

Le Vendredi 3 Avril 1903, à 2 heures précises

COMMISSAIRE-PRISEUR

Me Henri OUDARD, *18, Rue des Pyramides*

ASSISTÉ DE

M. Louis AUCOC, O ✻, *Bijoutier, rue du Quatre-Septembre, 9*

ET DE

M. L. CARRIER-BELLEUSE, ✻	M. WILLIAMSON, ✻
EXPERT PRÈS LES TRIBUNAUX	EXPERT PRÈS LES TRIBUNAUX
15, rue de La Tour-d'Auvergne	3, quai d'Anjou

EXPOSITIONS

PARTICULIÈRE	PUBLIQUE
Le Mercredi 1er Avril 1903	Le Jeudi 2 Avril 1903

DE 2 HEURES A 6 HEURES

PARIS — 1903

CONDITIONS DE LA VENTE

Elle sera faite **au comptant.**

Les Acquéreurs paieront **dix pour cent** en sus des prix d'adjudication.

L'Exposition mettant le public à même de se rendre compte de l'état et de la nature des objets, il ne sera admis aucune réclamation une fois l'**adjudication prononcée.**

SERONT VENDUS

à 3 heures 1/2 précises : **Les Bijoux.**

à 5 heures précises : **Les Tapisseries.**

Le présent Catalogue servira de Carte d'Entrée à l'*Exposition particulière.*

Maulde, Doumenc et Cie, imprimeurs de la Cie des Commissaires-Priseurs
rue de Rivoli, 144 9020—1500

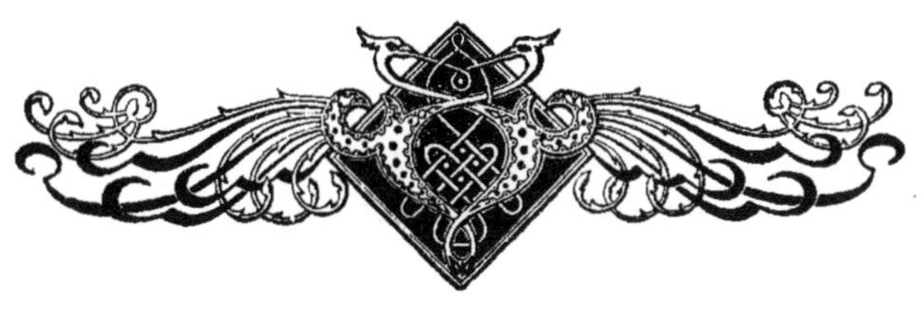

DÉSIGNATION

BIJOUX

1 — Un superbe Collier de cinq rangs de perles fines, composé de 393 perles et d'un fermoir mobile orné d'une perle entourée de brillants et de roses.

(Poids brut des perles, cliquets compris : 2,106 grains).

2 — Une Parure en brillants, comprenant :

1° Une Broche de corsage représentant une fleur de pensée avec feuillage retenu par un nœud, le tout orné de brillants et de roses ;

2° Une paire de Pendants d'oreilles, composée de deux brillants soutenant une fleur de pensée avec feuillage ; le tout serti en brillants et en roses.

TABLEAUX ET GRAVURES

VAN DELEN

1 — Le Palais d'Ulysse.

Bois : H. 0m80 ; L. 1m.

Signé.

F. DESPORTES

2-3 — Natures mortes. Deux tableaux en pendants représentant chiens, fruits et gibier mort, dans des paysages.

Toiles : H. 2m ; L. 1m30.

D.-V. DULIN

4 — Cour de Palais.

Bois : H. 0m60 ; L. 1m.

Signé.

ÉCOLE FRANÇAISE

(XVIIIe siècle)

5 — Portrait de Femme de qualité, à mi-corps.

Toile, forme ovale : H. 0m90.

Cadre en bois sculpté et doré.

ÉCOLE FRANÇAISE

(XVIIIe siècle)

6 — Portrait présumé du Cardinal de Fleury, en buste.

Toile : H. 0m 80 ; L. 0m 62

Cadre en bois sculpté et doré.

J.-B. GREUZE

Attribué à

7 — Portrait de Hérault de Séchelles enfant, à mi-corps.

Toile, forme ovale : H. 0m70 ; L. 0m56.

POURBUS LE JEUNE

Attribué à

8 — Portrait de Louis XIII en pied.

Toile : H. 1m80 ; L. 1m.

Ce tableau a été rentoilé.

H. RIGAUD

9 — Portrait de Louis XIV, à mi-jambes.

Toile : H. 1m60 ; L. 1m20.

Ce tableau a été rentoilé.

C. VAN LOO

Attribué à

10 — Portrait de Louis XV enfant, en buste.

Toile : H. 0m80 ; L. 0m62.

Cadre en bois sculpté et doré.

11 — Deux Gravures anglaises du XVIIIe siècle, en couleurs, formant pendants, dans des cadres dorés de forme ovale.

12 — Gravure anglaise du XVIIIe siècle, en couleurs. Sujet : *Les Accordailles*.

SCULPTURES

13 — Buste de Femme en marbre blanc, drapée à l'antique.

14 — Grande Console demi-lune de l'époque de Louis XVI, en bois sculpté et peint en gris, dessus en marbre.

15 — Pendule-Cartel de l'époque de Louis XVI, en bois sculpté et doré, mouvement de LEPAUTE.

16 — Baromètre - Thermomètre de l'époque de Louis XVI, en bois sculpté et doré, formant pendant à la pendule-cartel qui précède.

17 — Lit de l'époque de l'Empire, en acajou scuplté, orné de bronzes ciselés et dorés, avec coupole assortie.

Larg. : 1m45.

18 — Lit de l'époque de Louis XV, en bois sculpté et peint en gris.

Larg. : 1m30.

19 — Cadre de l'époque de Louis XIV, en bois sculpté, forme ovale.

Haut. : 1m.

BRONZES

20 — Lanterne de l'époque de Louis XV, cinq pans à glaces, en bronze ciselé, avec quinquet.

21 — Lanterne de l'époque de Louis XV, en bronze ciselé, cinq pans à glaces.

22 — Lanterne de l'époque Louis XVI, en bronze ciselé, cinq pans à glaces.

23 — Lustre de la fin de l'Empire, à dix lumières, en bronze ciselé, doré et mis au vert antique, chaînes de suspension.

24 — Paire de Bras d'applique, à quatre lumières, assortie au lustre qui précède.

25 — Paire de Bras d'applique de l'époque de Louis XVI, en bronze ciselé et doré, à trois lumières.

26 — Paire de Bras d'applique semblable à la précédente.

27 — Paire de Bras d'applique de l'époque de Louis XVI, en bronze ciselé et doré, à deux lumières.

28 — Paire de Bras d'applique de l'époque de Louis XV, en bronze ciselé et doré, à trois lumières.

29 — Paire de Bras d'applique de l'époque de l'Empire, en bronze ciselé et doré, à deux lumières.

30 — Paire de grands Chenets de l'époque de Louis XVI, à vases et galerie, en bronze ciselé et doré.

31 — Une Garniture de foyer de l'époque de Louis XVI, composée de pelle, pincette et pinces à boutons, en bronze ciselé et doré.

32 — Paire de Chenets de l'époque de Louis XVI, en fer recouvert d'ornements en cuivre.

33 — Paire de Chenets de l'époque de la Régence, en bronze, ciselé et doré.

34 — Paire de Chenets de l'époque de Louis XVI, en bronze ciselé et doré.

35 — Paire de Landiers en fer forgé.

36 — Paire de Flambeaux de l'époque de Louis XVI, à bobèches renversées, en bronze ciselé et doré.

37 — Paire de Flambeaux de l'époque de Louis XV, en cuivre argenté.

38 — Paire de Flambeaux semblable à la précédente.

39 — Paire de Flambeaux de l'époque de Louis XVI, en cuivre argenté.

40 — Paire de Flambeaux de l'époque de Louis XVI, en cuivre argenté.

41 — Paire de Flambeaux de l'époque de Louis XV, en cuivre argenté.

42 — Paire de Flambeaux de l'époque de Louis XVI, en cuivre ciselé et argenté.

43 — Paire de Flambeaux de l'époque de Louis XVI, en cuivre ciselé et argenté.

44 — Paire de Flambeaux de l'époque de Louis XVI, en cuivre gravé et argenté.

45 — Paire de Flambeaux de l'époque de la Régence, en cuivre ciselé et argenté.

46 — Paire de Flambeaux de l'époque de l'Empire, en bronze ciselé et doré.

47 — Pendule de l'époque de Louis XV, en marqueterie de cuivre et d'écaille, ornée de bronzes ciselés et dorés.

48 — Pendule de l'époque de Louis XV, en bronze ciselé et doré, surmontée d'un enfant, mouvement de Lenoir.

49 — Pendule de l'époque de Louis XVI, en marbre blanc et marbre noir, à colonnes, ornée de bronzes ciselés et dorés.

50 — Pendule de l'époque de l'Empire, en bronze ciselé, patiné et doré, sujet *Laitière sur un cheval*, sous cylindre en verre.

51 — Pendule de l'époque de l'Empire, en bronze ciselé et doré, sujet symbolisant le dessin, sous cylindre en verre.

52 — Pendule de l'époque de l'Empire, en bronze ciselé et doré, à sujet d'enfant jardinier, sous cylindre en verre.

MEUBLES

53 — Bureau à cylindre de l'époque de Louis XVI, en marqueterie, orné de bronzes ciselés et dorés.

Long. : 1m60.

54 — Paire d'Encoignures de l'époque de Louis XVI, en marqueterie, dessus en marbre.

55 — Bureau à cylindre de l'epoque de Louis XVI, en acajou, orné de bronzes ciselés et dorés.

Long. : 1m30.

56 — Table de tric-trac de l'époque de Louis XVI, en acajou, avec dames en ivoire et accessoires.

Long. : 1m13.

57 — Commode de l'époque de Louis XV, plaquée de laques fond rouge, à dessins d'or, ornée de bronzes ciselés et dorés ; dessus en marbre brèche d'Alep.

Long. : 0m97.

58 — Bureau de l'époque de Louis XV, de forme ovale, en satiné, orné de cuivres ; dessus en marbre.

Long. : 0^m57.

59 — Commode de l'époque de Louis XV, en marqueterie, ornée de bronzes ciselés et dorés ; dessus en marbre.

Long. : 0^m65.

60 — Guéridon rond de l'époque de Louis XVI, en acajou, à tablette-étagère ; dessus en marbre blanc avec galerie de cuivre.

Diam. : 0^m80.

61 — Secrétaire debout de l'époque de Louis XVI, en marqueterie, orné de bronzes ciselés et dorés ; dessus en marbre.

Larg. : 0^m97.

62 — Bureau de dame en acajou, trois tiroirs.

Long. : 0^m75.

63 — Commode de l'époque de Louis XVI, en acajou, forme demi-lune, ornée de bronzes ciselés et dorés ; dessus en marbre.

Long. : 0^m97.

64 — Commode de l'époque de Louis XV, en marqueterie, ornée de bronzes ciselés et dorés ; dessus en marbre.

Long. : 0^m97.

65 — Petit Bureau à cylindre de l'époque de Louis XVI, en acajou, surmonté d'une armoire vitrée, ornements en cuivre ; dessus en granit noir.

66 — Bureau de l'époque de Louis XVI, tablette à abattant, surmonté d'une armoire à cylindre; dessus en marbre blanc.

Long. : $0^{m}80$.

67 — Commode de l'époque de Louis XVI, en marqueterie, ornée de bronzes ciselés et dorés; dessus en marbre.

Long. : $0^{m}97$.

68 — Table-tricoteuse de l'époque de Louis XVI, en acajou.

69 — Commode de l'époque de Louis XVI, en noyer, ornée de bronzes ciselés et dorés; dessus en marbre.

Long. : $0^{m}97$.

70 — Toilette à la Duchesse de l'époque de Louis XVI, en acajou, moulures en cuivre.

Long. : $0^{m}97$.

71 — Secrétaire debout de l'époque de Louis XVI, en acajou, moulures en cuivre.

Long. : $0^{m}65$.

72 — Table de nuit de l'époque de Louis XV, en noyer.

73 — Commode de l'époque de l'Empire, formant bureau, en noyer, garnie de bronzes ciselés et dorés.

Long. : $0^{m}75$.

74 — Commode de l'époque de Louis XVI, en marqueterie, ornée de bronzes ciselés et dorés; dessus en marbre.

Long. : $1^{m}30$.

75 — Bureau à cylindre de l'époque de Louis XVI, en marqueterie, orné de bronzes ciselés et dorés.

Long. : 1m30.

76 — Commode de l'époque de Louis XVI, en marqueterie, ornée de bronzes ciselés et dorés ; dessus en marbre blanc.

Long. : 1m30.

77 — Bureau de dame de l'époque de l'Empire, en acajou.

Long. : 0m75.

78 — Commode de l'époque de Louis XVI, en marqueterie, ornée de bronzes ciselés et dorés ; dessus en marbre.

Long. : 1m30.

79 — Secrétaire droit, de l'époque de Louis XVI, à armoire, en marqueterie, orné de bronzes ciselés et dorés ; dessus en marbre.

Long. : 0m65.

80 — Table de nuit de l'époque de Louis XV, en noyer.

81 — Commode de l'époque de Louis XV, en marqueterie, ornée de bronzes ciselés et dorés; dessus en marbre.

Long. : 0m97.

82 — Bureau de dame de l'époque de l'Empire, en acajou, à abattant.

Long. : 0m50.

83 — Table de tric-trac de l'époque de Louis XV, en marqueterie.

Long. : 0m80

SIÈGES DIVERS ET LIT DRAPÉ

84 — Bergère de l'époque de Louis XVI, bois sculpté et peint en gris, à médaillon, couverte en étoffe de soie havane.

85 — Huit Fauteuils assortis à la bergère qui précède.

86 — Canapé de l'époque de l'Empire en acajou sculpté, à têtes de sphinx, couvert en velours cramoisi.

87 — Deux Bergères de l'époque de l'Empire, en acajou, couvertes en velours cramoisi.

88 — Trois Fauteuils de mêmes bois et étoffe.

89 — Chauffeuse de mêmes bois et étoffe.

90 — Fauteuil de bureau de l'époque de Louis XVI, bois sculpté et peint, fond canné, coussin en maroquin.

91 — Lit de l'époque de Louis XV en bois sculpté et peint en gris, avec garniture d'alcôve complète en étoffe de soie ancienne au point de Hongrie, tenture, rideaux et couvre-lit passementés de soie.

Haut. : 3m ; Larg. : 1m13.

OBJETS D'ART

ou de curiosité

92 — Paire de Canards, de grandeur nature, en ancien grès cérame de l'Extrême-Orient, couverte en émaux polychromes.

93 — Cheval nu au pas, en argent, monté sur socle en bronze ciselé et doré, portant le poinçon C couronné. Époque de la Régence.

94 — Paire de Statuettes en bronze ciselé et patiné, sujets Voltaire et Rousseau, sur socles en marbre bleu turquin. Époque Louis XVI.

95 — Paire de Presse-papiers en marbre brèche d'Alep, surmontés d'un lion et d'un sanglier en bronze patiné. Époque Louis XVI.

96 — Paire de Presse-papiers, lion et lionne en bronze patiné, sur socles en acajou. Époque Louis XVI.

97 — Paire de Vases Médicis, de la fin de l'époque de Louis XVI, en bronze ciselé et doré, formant flambeaux, sur socle piédestal.

Haut. : 0m37.

98 — Écritoire de l'époque de l'Empire, en ébène et érable, ornée de bronzes ciselés et dorés.

99 — Bain-de-pieds en ancienne faïence de Rouen, fond blanc, décor camaïeu bleu.

100 — Paire de Brocs en ancienne faïence de Rouen, fond blanc, décor camaïeu bleu.

101 — Lot de Faïences anciennes, principalement de Rouen, composé de 5 brocs, 3 cuvettes de bidets, 4 plats à barbe, 2 vases de nuit, 4 plats, 3 pichets, 1 jardinière. *(Sera divisé.)*

SIÈGES ET ÉCRAN

couverts en tapisserie

102 — 4 Fauteuils de l'époque de Louis XVI, bois peint en gris, couverts en ancienne tapisserie d'Aubusson ; médaillons et guirlandes sur fond jaune.

103 — 2 Fauteuils de l'époque de Louis XIV, bois noir, couverts en ancienne tapisserie au petit point, à fleurs.

104 — Meuble de salon de l'époque de Louis XV, bois peint en gris, couvert en tapisserie d'Aubusson à dessin de fleurs de pavots. Il est composé d'un canapé et de cinq fauteuils.

105 — Meuble de salon de l'époque de Louis XV, bois sculpté peint en gris, couvert en tapisserie au point, fond vert d'eau, dessin d'arabesques. Il est composé de deux grands canapés et de huit fauteuils.

106 — Écran de l'époque de Louis XV, en bois sculpté peint en gris, couvert en tapisserie au point.

107 — 6 Fauteuils de l'époque de Louis XV, en noyer sculpté au naturel, couverts en tapisserie ancienne au petit point, à dessins de fleurs et de pampres.

TAPISSERIES

108 — Tapisserie du XVIe siècle, tissée de laine et de soie et fabriquée à Bruxelles, dans les ateliers de Guillaume de Pannemaker, sur les cartons de Jean Vermeyen, peintre hollandais. Elle représente des épisodes de la prise de Tunis par Charles-Quint. De nombreux combats partiels sont engagés sur terre autour du lac de Tunis, et notamment des deux côtés de la Goulette. Sur mer, et en grande partie au premier plan, voguent des galères et des vaisseaux espagnols, et, par delà les caps, le reste de la flotte s'étend le long de la lagune. La pièce est encadrée d'une bordure à fond cramoisi, sur laquelle se détachent des tyrses de pampres, entre des pirouettes et des oves couleur d'or. Au centre de la partie supérieure, on remarque les armoiries du cardinal Philippe Perenot de Granvelle,

conseiller de Charles-Quint, d'argent à trois bandes de sable au chef cousu d'or, chargé d'un aigle éployé et issant de sable.

Haut.: 3m60; larg.: 5m75.

La tapisserie ci-dessus décrite a été fabriquée par G. de Pannemaker pour le cardinal de Granvelle, auquel elle fut livrée en 1556. Elle n'est pas une réplique rigoureuse d'une des douze pièces, tissées d'or et d'argent, de la célèbre série commandée par Charles-Quint et dite « Conquête du royaume de Thunes », actuellement placée dans le Palais-Royal de Madrid; mais elle en dérive directement, et combine deux scènes de la série, à savoir: « la prise de la Goulette » et « la bataille des Puits ».

Josse de Vos a reproduit en 1712, à Bruxelles, la série complète, destinée au Palais impérial de Vienne.

109-117 — Série de 9 pièces de tapisseries, tissées de laine et de soie, et fabriquées à Bruxelles, au XVIe siècle. Les sujets représentent des épisodes de l'Histoire sainte. Elles sont encadrées de larges et riches bordures qui comprennent des personnages, des animaux, des oiseaux et des fleurs.

La hauteur uniforme est de 3 mètres.

Le développement total produit un cours de 29 mètres. *(Ce lot sera divisé.)*

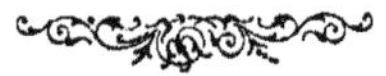

PARIS. — IMP. MAULDE, DOUMENC ET Cie

www.ingramcontent.com/pod-product-compliance
Ingram Content Group UK Ltd.
Pitfield, Milton Keynes, MK11 3LW, UK
UKHW020538180726
13839UKWH00006B/2584

9 782329 50002